T0197440

Los cristales reflejan delicadeza, transparencia y brillo y cobrarán firmeza enlazados entre sí por una serie de eslabones, convirtiéndolos en una cadena indestructible.

Pero se hicieron bajo presión y son amorfos y quebradizos, frente a su decisión de pensar y actuar diferente.

Cadenas de Cristal
EN LA VIDA LABORAL

Angela Cook
&
Cristina Monroy

BALBOA.
PRESS
A DIVISION OF HAY HOUSE

Derechos reservados © 2016 Angela Cook & Cristina Monroy.

Todos los derechos reservados. Ninguna parte de este libro puede
ser reproducida por cualquier medio, gráfico, electrónico o mecánico,
incluyendo fotocopias, grabación o por cualquier sistema de almacenamiento
y recuperación de información sin el permiso por escrito del editor
excepto en el caso de citas breves en artículos y reseñas críticas.

Puede hacer pedidos de libros de Balboa Press en
librerías o poniéndose en contacto con:

Balboa Press
Una División de Hay House
1663 Liberty Drive
Bloomington, IN 47403
www.balboapress.com
1 (877) 407-4847

Debido a la naturaleza dinámica de Internet, cualquier dirección web o
enlace contenido en este libro puede haber cambiado desde su publicación
y puede que ya no sea válido. Las opiniones expresadas en esta obra son
exclusivamente del autor y no reflejan necesariamente las opiniones del editor
quien, por este medio, renuncia a cualquier responsabilidad sobre ellas.

El autor de este libro no ofrece consejos de medicina ni prescribe el
uso de técnicas como forma de tratamiento para el bienestar físico,
emocional, o para aliviar problemas médicas sin el consejo de un médico,
directamente o indirectamente. El intento del autor es solamente
para ofrecer información de una manera general para ayudarle en la
búsqueda de un bienestar emocional y spiritual. En caso de usar esta
información en este libro, que es su derecho constitucional, el autor y
el publicador no asumen ninguna responsabilidad por sus acciones.

ISBN: 978-1-5043-5384-7 (tapa blanda)
ISBN: 978-1-5043-5385-4 (libro electrónico)

Numero de la Libreria del Congreso: 2016904777

Las personas que aparecen en las imágenes de archivo
proporcionadas por Thinkstock son modelos. Este tipo de
imágenes se utilizan únicamente con fines ilustrativos.
Ciertas imágenes de archivo © Thinkstock.

Información sobre impresión disponible en la última página.

Fecha de revisión de Balboa Press: 10/07/2016

Contenido

Introducción

Alguien me dijo en secreto que la única
persona que podía romper las cadenas
de cristal que me atan, soy ¡YO!

Como seres humanos sabemos de la importancia en
las diferentes áreas de nuestra vida. El área laboral,
personal, espiritual, académica, entre otras.

Crecemos con las normas, creencias y enseñanzas
que en primera instancia nuestros padres nos dieron
con sus palabras y con su ejemplo. Ellos nos guiaron
de acuerdo a lo que aprendieron en su desarrollo
y nos enseñaron haciendo lo que para ellos estaba
correcto y con el propósito de darnos lo mejor.

Luego con el tiempo, entramos a desempeñar
roles que para la mayoría de éstos no estábamos
preparados y es ahí cuando nos damos cuenta que
en algunos casos hemos perdido cualidades innatas
como la espontaneidad y la creatividad. Y además
hemos creado algunos limitantes como la timidez,
la inseguridad, la sumisión, etc..., los cuales pueden
generar ataduras inimaginables, "cadenas de cristal"
que nos vamos formando mentalmente y que en

diferentes escenarios de nuestras vidas nos atan y nos llevan a actuar equivocadamente, aunque algunas veces no nos demos cuenta de ello.

Cadenas que se pueden romper generando un cambio en nuestro pensamiento, con nuestras palabras y con nuestras acciones. Un cambio, que nos lleve a afrontar las circunstancias de manera diferente, a mirar hacia adelante y a solucionar lo que se nos presente.

Si convertimos la elección que hagamos en nuestra bandera, conseguiremos los resultados que deseamos, es cuestión de creer en lo que hacemos y de hacerlo bien, de crecer con nuestro proyecto, de cambiar mil veces si es necesario, de ayudar y de respetar.

En este primer libro "Cadenas de Cristal - En la vida laboral", usted encontrará diferentes situaciones empresariales donde se evidencian algunas de estas ataduras que pueden afectar su desarrollo en esta área de su vida, pero también cómo a través del reconocimiento, la aceptación y la decisión podemos hacerlas frágiles como el cristal y romperlas en pro de nuestro crecimiento. Teniendo la posibilidad de ganar mil oportunidades en todos los aspectos de nuestra vida disfrutando y viviendo lo único que realmente tenemos "Nuestro momento presente".

La narrativa muestra con ejemplos coloquiales algunos escenarios del diario vivir en el ambiente organizacional y los roles que jugamos en nuestro trabajo, así como la importancia de entender que la empresa donde trabajamos somos todos, que deseamos triunfar, ser escuchados, que somos seres creativos y que respetándonos logramos las mejores relaciones con nosotros mismos y con los demás.

La serie de libros de **Cadenas de Cristal** le mostrará el camino para generar ese cambio personal que le ayudará en las diferentes áreas de su vida y le permitirá romper las cadenas que usted pueda tener actualmente; en caso que ésta sea su libre decisión.

Capítulo 1

Conociéndonos

- **Asumiendo el control**

  Es muy claro para todos, que las empresas están administradas por personas, que cada uno de nosotros juega un papel diferente dentro de ellas y que dependiendo de cómo juguemos ganamos o perdemos.

  También sabemos, que todas las empresas buscan ser líderes en su sector, que están influenciadas por un mercado tan competitivo que las hace cambiar con rapidez a través del tiempo si desean continuar.

  Que este cambio continuo, depende de todos y cada uno de los que conformamos las empresas y que el éxito se da en la medida que unamos esfuerzos en pro de los mismos objetivos.

Si este cambio no se da y si nosotros como líderes en cada una de las posiciones en donde estemos ubicados no cambiamos, simplemente las empresas necesitan cerrar las puertas.

- **Identificándonos laboralmente**

Conociéndonos a nosotros mismos podemos identificar fácilmente que es lo que realmente deseamos hacer por trabajo.

Saber cuáles son nuestras cualidades, limitaciones, la capacidad de adaptarnos, el nivel profesional en el que estamos, la manera de relacionarnos con los otros, si realmente estamos aportando nuestros conocimientos e ideas, las oportunidades de surgir dentro de la compañía, de aprender y desarrollarnos en otros niveles.

Algunas de las preguntas que podemos plantearnos son: ¿Qué es lo que realmente deseo hacer?, ¿Cuáles son mis conocimientos al respecto?, ¿Cuáles son las oportunidades que tengo laboralmente?

Es muy valioso detenernos y mirar qué estamos haciendo con nuestras vidas, conocer más sobre nosotros y reforzar la relación que tenemos con nosotros mismos.

Algunas veces al analizar nuestra vida nos autocriticamos negativamente, dudamos de nuestras capacidades, nos desmotivamos y nuestro comportamiento no es acorde con lo que queremos lograr. Otras veces le damos más importancia a la opinión que otras personas tienen acerca de nosotros, dejando que esas opiniones tengan más valor que las nuestras.

Eso no quiere decir que no es bueno escuchar y tomar lo que creemos que está bien para nosotros. Pero debemos tener claro quiénes somos y para donde vamos, porque puede pasar que estemos transmitiendo una imagen diferente a lo que realmente somos y las personas que nos rodean pueden vernos y crear su propia imagen acerca de nosotros, posiblemente errada y este es un factor influyente en nuestras relaciones interpersonales.

Sólo en contadas ocasiones, hacemos una autocrítica positiva y generalmente con ella cambiamos nuestro panorama, nos miramos a nosotros mismos y tenemos consciencia de qué es lo que deseamos cambiar y hasta dónde queremos llegar en todos los aspectos de nuestra vida. Este análisis de autoconocimiento es de vital importancia para nuestro desarrollo laboral.

• Satisfacción = productividad

Adquirimos compromisos en el momento que decidimos libremente trabajar para una compañía, la cual nos está remunerando por la labor que hacemos.

Cada uno de nosotros tenemos diferentes cualidades, hemos desarrollado algunas más que otras: la manera como escuchamos, como nos comunicamos, la creatividad, la paciencia y la organización. Somos responsables y nos convertimos en los gerentes de nuestro puesto de trabajo aplicando esas cualidades, más otras de líderes que tenemos innatas y que en ocasiones no las reconocemos.

La satisfacción que sentimos en nuestro trabajo únicamente la podemos experimentar nosotros, muchas veces otra persona haciendo la misma labor puede sentirse mejor o le puede parecer aburrido o no interesante. Es sano evaluar y saber si estamos satisfechos con el rol que desempeñamos.

Si nos identificamos con claridad en este rol y nos sentimos felices con lo que hacemos, esto se verá reflejado en todos los aspectos de nuestras vidas.

- **Decisión: tranquilidad**

Generalmente nosotros somos los que tomamos la decisión de aceptar un trabajo.

Entramos a trabajar a una empresa con grandes expectativas en la posición que nos han ofrecido y con deseos de progresar. Con el pasar del tiempo, vemos que el cargo, las condiciones, la manera de trabajar, las responsabilidades y/o el trabajo no fue lo que imaginamos o no es acorde a nuestras expectativas, entonces es el momento de tomar una decisión al respecto.

Si decidimos continuar con este trabajo hagamos lo mejor de él, ya sabemos que nos podemos convertir en el gerente de nuestro cargo y si nuestra decisión es buscar una nueva oportunidad hagámoslo, no permitamos que se creen a nuestro alrededor cadenas de cristal que con el tiempo necesitemos romper con más dificultad. Dejemos este trabajo con el mismo agradecimiento que el día que lo aceptamos. Estaremos dando así la opción a que otra persona con expectativas diferentes a las nuestras, ocupe ese lugar y posiblemente le saque mejor provecho, esto será beneficioso para la persona y para la compañía.

Recordemos que nosotros creamos nuestro mundo, que cada momento en nuestra vida es valioso e independientemente del trabajo que estemos desempeñando, este nos debe brindar uno de los dones más preciados en la vida: "Nuestra tranquilidad".

Capítulo 2

Con amor

- **El sentimiento**

Hemos escuchado y pronunciado durante nuestra vida la palabra AMOR, la utilizamos para demostrar a otros toda clase de afecto y/o sentimiento que albergamos dentro de nosotros. A través del tiempo hemos visto que este sentimiento que llamamos amor es "mágico" y nos lleva a hacer hasta lo que creemos que es imposible. Y esta magia puede ser nuestra base en todos los ámbitos de nuestra vida.

- **Un paso hacia el éxito**

La vida de miles de personas está centrada en su lugar de trabajo. Sin desconocer que además de trabajar muchos de nosotros estudiamos y hacemos las labores cotidianas de un hogar como atender a la familia, ir al supermercado, hacer la comida, limpiar etc.

Si nos ponemos a mirar cómo se puede desenvolver un día normal en nuestro trabajo podemos concluir lo siguiente: todo inicia desde el momento que para ir a trabajar organizamos la ropa que vamos a lucir (generalmente lo hacemos la noche anterior), después colocamos el despertador, llega la mañana nos levantamos, nos arreglamos, algunos organizamos algo para comer en las horas de descanso en el trabajo, salimos a esperar un transporte, llegamos a iniciar un día de trabajo dentro de la empresa, cuando finalizamos regresamos a casa y repetimos algo parecido a lo anterior día tras día.

Entonces si unimos todo el tiempo que invertimos en el ritual para ir y venir de nuestro trabajo, más el que pasamos en nuestra empresa, podemos decir que es el lugar donde pasamos la mayor parte de nuestro tiempo.

Me pregunto, ¿Hacemos todo esto como una obligación?, ¿Es una rutina?, o ¿Es lo que realmente deseamos?, ¿Es algo que tenemos que hacer o lo hacemos realmente con amor?

Todos deseamos tener éxito y tranquilidad en lo que emprendamos, incluso en nuestro trabajo. Cuando iniciamos en un nuevo trabajo lo hacemos con el deseo de salir adelante, no creo que ninguno de nosotros desee resultados mediocres o lleguemos a aceptarlo con un sentimiento de rechazo o de desamor porque esto no traería prosperidad en ningún aspecto de nuestras vidas.

- **Motivación innata**

Para todos nosotros es importante hacer bien nuestro trabajo. Al hacerlo con amor sentiremos paz, armonía, alegría y el trabajo se nos hace más placentero. Vivimos el momento presente, resolvemos las situaciones más fácilmente, incluso nos dotamos de la paciencia que algunas veces necesitamos y hacemos las cosas con un alto nivel de motivación. Esta motivación parte de nuestro interior y con ella logramos alcanzar cualquier meta que nos propongamos.

Es muy diferente si elaboramos el mismo trabajo malhumorados, con desgano, con pereza o estresados como algunas personas dicen.

- **Generador de soluciones**

Analicemos qué pasa, cuando hemos solucionado una situación utilizando para resolverla otro sentimiento diferente a la serenidad, la tranquilidad, o el amor, por ejemplo el mal genio. Si estamos de mal genio en el momento que necesitamos resolver una situación, el análisis se hace más complicado, la solución puede ser más lenta, no se da la solución esperada, cometemos más errores, algunas veces hasta podemos maltratar con las palabras o con nuestras acciones a otras personas o simplemente no podemos resolver la situación porque perdemos objetividad a la hora de hacer el análisis respectivo.

Pero es posible que si la situación la vemos desde la óptica del amor, las posibles soluciones se vean con mayor claridad.

• Cuestión de actitud

También es cierto que en algunos casos, nos hemos formado una autoimagen en la que tenemos cierta actitud frente a los demás para que los otros crean que "estamos a la cabeza" o que "somos los que mandamos" y creemos que estar a toda hora completamente serios, estresados, malhumorados, muchas veces hasta dando respuestas inadecuadas, hace que los otros crean que realmente estamos produciendo más del 100% para la empresa.

También algunas veces le damos más importancia a lo que dicen los demás, dejando de lado nuestros propios criterios.

De nosotros depende la alternativa que elijamos para manejar nuestras emociones, la actitud frente a las situaciones que se presenten incluso en nuestro trabajo, sin importar el rol que desempeñemos dentro de la empresa.

Somos nosotros los que tenemos el control de ellas, de hacer que sean generadoras de cosas positivas o que sean las que nos manejen negativamente formando cadenas que en el tiempo aunque sean de cristal, nos cueste romperlas y nos manejen a tal punto que lleguemos a perder nuestros objetivos.

Recuerde que somos reproductores de la actitud que asumamos.

- **La oportunidad**

Concluyendo, si decidimos utilizar estas dos palabras "Con amor" en todos los ámbitos que creemos que es posible, ellas nos ayudarán a cambiar nuestro pensamiento, la forma en que nos comunicamos, lo que transmitimos y por lo tanto se verá reflejado en nuestras acciones, generando una oportunidad con cada una de las personas, circunstancias y lugares donde nos encontremos.

Capítulo 3

Un trabajo que me haga feliz

- **Trayecto o destino**

Ha escuchado alguna vez esta expresión: "Quiero un trabajo que me haga feliz". Generalmente cuando se empieza a trabajar ya sea la primera experiencia o una nueva oportunidad, el entusiasmo es grande, existe un alto nivel de motivación, alegría y deseo de hacer todo bien, nos sentimos tranquilos con nuestro rol dentro de la empresa y damos lo mejor de nosotros en todo lo que hacemos.

Si alguien nos pregunta ¿Cómo nos sentimos en nuestro nuevo trabajo?, contestamos: ¡Perfecto!, es una compañía maravillosa y por supuesto, describimos con detalles hasta el último rincón de la edificación y de nuestro sitio de trabajo, además continuamos hablando acerca de las personas con las que nos hemos interrelacionado, iniciando con "Mi jefe y mis compañeros de trabajo son increíbles" y terminamos la exposición con las palabras "Me siento FELIZ".

Pasa el tiempo, muchas veces únicamente meses y algunas personas inician con el proceso de descontento. Empiezan criticando diferentes aspectos como el poco trabajo que hacen los demás con respecto a lo que hacen ellos, el horario, el supervisor, el jefe, el dueño, el salario, el sitio de trabajo, la cafetería y muchos aspecto más. Terminando con las palabras "No me siento FELIZ en este trabajo".

Algunas personas continúan en la misma empresa con la misma crítica por largo tiempo, en algunos casos incluso años; haciendo su trabajo generalmente bien pero creando un ambiente negativo, de inconformidad, para ellos y para las personas que los rodean y hasta llegan a integrar a otras personas en este ambiente y a contagiarlas con esta actitud.

Otras veces las personas buscan otra oportunidad de trabajo, la encuentran y después de un tiempo de felicidad inician el mismo círculo de crítica hasta que llegan a la misma conclusión "No me siento FELIZ en este trabajo".

En primer lugar recordemos que eventualmente la satisfacción que sentimos con un trabajo, las cosas que posemos o nos rodean, las circunstancias, algún evento o inclusive lo que para nosotros hoy es un gran logro, pasa. Nosotros, la vida y por ende todo a nuestro alrededor cambia.

Si nos identificamos y atamos nuestra felicidad a cosas, personas, eventos, o logros, ¿Cuándo creemos que vamos a obtenerla? La elección de buscar y encontrar la felicidad en el lugar donde realmente está, que es dentro de nosotros mismos, es nuestra.

- **Razonando la elección**

Lo segundo que me pregunto, es si en el momento que estamos eligiendo el trabajo lo hacemos pensando: ¿Qué es lo que realmente deseamos hacer?, ¿Cuáles son nuestras aspiraciones respecto a este nuevo puesto de trabajo?, si las funciones que vamos a realizar son las que nos gustan, ¿Qué esperamos de la empresa?, ¿Qué oportunidad tenemos de surgir (si es eso lo que deseamos)?, o únicamente en el momento que se nos presenta la opción de trabajar, lo aceptamos solo por necesidad, por una remuneración económica atractiva o porque llevamos mucho tiempo sin trabajo.

Entonces si analizamos esta situación, se puede pensar que en muchos casos no son las empresas donde se trabaja, los cargos que se desempeñan, los salarios que se reciben, los compañeros de trabajo, los jefes, los supervisores, o los sitios de trabajo; los culpables de una situación en la cual las personas no se sienten satisfechas. Más bien puede ser nuestra elección cuando estamos buscando trabajo, un estilo de vida o algo que está dentro de nosotros mismos, lo que hace que continuemos con el mismo parámetro por años y años.

- **Analizando**

  - ¿Qué pasaría si en lugar de criticar de forma destructiva, buscáramos la manera de ayudar constructivamente?

  - ¿Cuántas veces podemos culpar a las situaciones, personas o cosas, de lo que nosotros dejamos de hacer?

  - ¿Qué pasaría si miráramos dentro de nosotros mismos, analizáramos que tipo de cadenas de cristal tenemos y buscáramos primero nuestro cambio personal, en lugar de buscar que las personas que nos rodean cambien?

- **Prospectando**

Si por algunos motivos no se siente feliz en su trabajo, analice que pasa, si es su trabajo el que necesita un cambio xyz, ayude para que este se dé, haga el trabajo con entusiasmo dando lo mejor de usted profesional y personalmente.

Usted eligió trabajar en esa compañía, dé las gracias por ella, por su puesto de trabajo, por el salario que recibe y por cada sitio de la empresa. No espere que nadie le diga que está haciendo las cosas bien, es su responsabilidad hacer bien su trabajo siempre y usted no necesita supervisión, ni otra persona halagando su trabajo en cada paso que dé.

Además si es usted el que desea cambiar y decide buscar otra oportunidad de trabajo porque las expectativas profesionales, de salario, o el lugar de trabajo, son diferentes a las que usted tiene en ese momento, seguro que lo va a encontrar y al dejar la empresa donde está trabajando actualmente le da la oportunidad a otra persona de ocupar el puesto que usted venía desempeñando.

Y si está buscando trabajo o quiere independizarse, no se permita alimentar cadenas de cristal, mejor busque esas opciones donde usted se visualice pleno, haciendo lo que usted desea, lo que le gusta, lo que contribuya a su paz y a su tranquilidad.

¡La felicidad está dentro de usted, usted la posee, es su tesoro!

Capítulo 4

Oídos sordos

• Dos oídos y una boca

Es muy común escuchar que tenemos una boca y dos oídos, lo cual significa que debemos escuchar más y hablar menos "Zenón de Citio". Y es poco frecuente que en nuestro diario vivir, en cualquier escenario y más aún en el ambiente laboral sigamos esta premisa. Premisa que nos conduciría a tener muy buenas relaciones interpersonales.

Escuchar con atención demuestra interés en lo que los otros expresan, entendemos lo que nos dicen, podemos hacer preguntas si algo no nos queda claro, incluso si es necesario dar la respuesta acertada acerca del tema.

- **Cuestión de ego**

En nuestro trabajo cuando otra persona no escucha, no desea escuchar, o escucha únicamente a algunos colaboradores; a los que generalmente se les ve como los preferidos se puede decir que con algunas personas tiene "Oídos sordos". Esto genera inconformidad y se puede convertir en una controversia si así lo queremos llamar, entre los que desean dar sus opiniones y los que no son escuchados.

Dejar de escuchar y creer que somos los únicos que tenemos la razón en todo puede llegar a convertirse en una obsesión, dejando de lado las ideas de los otros. Ideas que pueden llegar a resolver importantes situaciones, además sin darnos cuenta podemos estar descalificándolos en frente de los demás, haciendo que piensen que sus ideas son ridículas o vagas.

En estas situaciones es el ego quien está mandando y en su defecto quien nos lleva a cometer grandes equivocaciones.

- **Adiós a las oportunidades**

Con esta actitud se pueden perder grandes oportunidades. Por ejemplo, si alguien sugiere una idea con la cual se llegaría a mejorar económicamente un proceso, pero sabe (porque ha visto lo que pasa cuando otros dan sugerencias) o cree (por rumores) que si llega con algo nuevo no van a escucharlo, dejará a un lado su idea y continuará con lo que hace en su diario vivir, antes de llegar a verse sometido a pasar por la vergüenza o el ridículo enfrente de los demás.

Renunciando así a diferentes oportunidades como el reconocimiento, mejores ingresos, ascensos, entre otros.

- **Rompiendo la comunicación**

En algunos casos pedir la opinión o solicitar ayuda al jefe es necesario, entonces, ¿Cómo cree que la persona se siente cuando lo hace y no obtiene una respuesta?. No importa si la respuesta es "no sé, déjeme investigar", lo importante es que la persona sienta que fue atendida.

¿Qué pensamos o cómo actuamos si alguien comete un error?. Si nos exaltamos, no escuchamos, hacemos del error el fin del mundo y lo comentamos con los demás de una manera poco profesional (no con el fin de arreglarlo). ¿Usted cree que la próxima vez se enterará de lo sucedido o tratarán de ocultárselo?

Evaluemos si es la falta de comunicación o la comunicación errada la generadora de varias de las cadenas de cristal que posiblemente hemos creado en nosotros y con los otros y por ende la que afectará nuestra vida laboral.

Si es así, estamos rompiendo una de las bases esenciales en las relaciones, la que nos permitirá ser más competitivos, el logro de objetivos y metas, el compromiso y el buen clima organizacional.

- **Tiro al blanco**

Nosotros podemos generar con nuestras actitudes y palabras que los otros tengan "Oídos sordos" a nuestras opiniones o soluciones así sean brillantes.

Cuestionémonos ¿Qué estamos pensando y cómo deseamos expresar nuestros pensamientos antes de hablar?, ¿Cómo contestamos y qué actitud asumimos ante cualquier clase de inconveniente por pequeño o grande que sea o ante una pregunta sobre cualquier tema?

Los términos que utilizamos cuando damos opiniones son importantes. Si estamos solucionando un problema, las palabras que decimos pueden hacer creer a los otros que no deseamos involucrarnos (aunque tengamos la solución en las manos) o que realmente estamos interesados en ayudar a sacar adelante la solución.

Si estamos quejándonos de todo lo que nos rodea o de la manera como actúan nuestros compañeros de trabajo, ¿Cómo pretendemos que cuando lleguemos a hablar sobre algún tema que realmente sea importante nos escuchen?

Si por algún caso necesitamos quejarnos hagámoslo profesionalmente, hablemos acerca del problema específico con la persona indicada enfocando la situación.

Si nos comprometemos a hacer algo y no cumplimos es difícil que la próxima vez nos crean o nos escuchen. Si decimos "Lo hacemos" pronunciemos estas palabras y hagamos lo que nos comprometimos con responsabilidad.

Escuchemos atentamente, para recibir y emitir bien los mensajes y por ende tener acciones consecuentes con nuestras palabras, esta es la clave para no fallar y acertar a la hora de comunicarnos.

- **La excepción a la regla**

Hay una situación válida, en la que podemos tener "Oídos sordos" en pro del beneficio individual y grupal. Y es cuando escuchamos rumores, comentarios mal intencionados y no constructivos acerca de las personas o de la organización; en la cual dando nuestra opinión no hemos logrado que las palabras de nuestros compañeros cambien. Ahí lo más valioso es ser dueños de nuestro silencio y no esclavos de nuestras palabras.

- **Destruyendo la cadena**

  Si escuchamos activa y asertivamente, estaremos rompiendo la cadena de cristal de tener "Oídos sordos" y ganaremos beneficios tales como el respeto hacia los otros, reducir las tensiones, crecer como personas, clarificar las decisiones y sobre todo la sensación de que nos expresen y expresar los sentimientos con verdadera libertad.

Capítulo 5

El señor poder

- **Ansias de poder**

  El ego y la necesidad de ganar son tan altos y
  están tan arraigados en algunas personas que no
  dimensionan el perjuicio que se están causando
  ellos mismos y que le están causando a los otros
  y/o les es indiferente pasar por encima de los demás
  con tal de lograr lo que desean en algunos roles que
  desempeñan.

  Esta cadena de cristal es fácil encontrarla en
  cualquier circunstancia de la vida, sin tener en cuenta
  la educación, cultura, nivel económico o la posición.
  Además estas ansias de poder se pueden presentar
  en todos los ámbitos donde el deseo de autoridad,
  de tener el control, de dominar y de querer ser
  vencedores hace que las personas hagan lo que sea
  para lograrlo.

- **Cerca de usted**

En ocasiones inicia en las familias, entre hermanos, primos y padres. Si se crea este ambiente en el núcleo de nuestra sociedad ¿Usted qué cree que puede pasar con el resto?

Si miramos dentro de los ámbitos normales de trabajo, ¿Usted cree que dentro de este ambiente también existe?, ¿Lo ha vivido o lo ha visto?, ¿A veces algunas personas lo han utilizado para salir adelante? o en ocasiones ¿Han perdido los objetivos reales, dominando, controlando e influyendo sobre otros que no se sienten en capacidad de no participar en esta cadena que sólo los lleva a desvirtuar lo importante y lo real?

- **Pisando fuerte**

Cuando las ansias de poder están por encima de casi todo se llega a mentir, a criticar, a hacer gigante lo que es mínimo (por ejemplo un error) sabiendo que se puede arreglar fácilmente, a faltar al respeto con acciones o palabras, a no compartir sus conocimientos. Estas personas son las que creen que lo saben todo y por ende no trabajan en equipo. En general estas personas mandan a la gente en lugar de dirigir.

Además se utilizan otras estrategias para lograr el poder, tales como, hacer todo lo que el jefe les dice así sepan que no es lo correcto. Los lleva también a acusar a los demás, a crear enfrentamientos hasta dividir y/o a destruir relaciones. En pocas palabras pisamos fuerte, pero no porque al llegar a algún lugar nos reconozcan por lo que representamos, sino porque pisamos lo que esté a nuestro paso.

- **Un retiro digno**

También podemos ver en muchas esferas laborales, que algunas personas que giran en torno al señor poder se aferran tanto a él, que creen que después de algunos años siguen ejecutando eficientemente su labor, cuando todo les indica que es momento de retirarse y permitir que otras personas con diferentes conocimientos o ideas puedan desempeñar ese cargo.

En algunos casos prefieren que la empresa donde trabajan llegue a un nivel de decadencia, porque aunque sus ideas ya no son las mejores para esa posición y sus decisiones no son las más acertadas, no renuncian a este poder. El señor poder, ciega el objetivo real de crecimiento de la persona y de su calidad de vida. No les deja entender que es mejor dejar una buena impresión de una carrera impecable, que salir dejando un sin sabor por una gestión desgastante.

Y terminan en su mayoría saliendo decadentemente de lo que algún día fue una carrera brillante y sobresaliente.

- **El verdadero líder**

Es muy diferente si estamos enfocados en el poder del liderazgo. El líder dirige, guía, brinda confianza, toma decisiones acertadas, se fija metas altas y las apoya para lograr con éxito los objetivos de la empresa. Si se presentan malos entendidos aclara el conflicto con los implicados, con respeto y creando un buen ambiente de trabajo.

Crea oportunidades y ayuda a otros a lograr su crecimiento dentro de la empresa, a resolver problemas y a construir soluciones. Trabaja en equipo, escucha sugerencias y logra que los otros lo escuchen y lo entiendan, comparte conocimientos y si en un momento determinado no conoce el tema lo dice y de ser necesario solicita ayuda.

Si necesita llamar la atención lo hace en privado y cuando está calmado, no necesita alzar la voz o decir cosas que pueden herir a las otras personas. Ofrece orientación y se comunica claramente.

Además, estas personas tienen la voluntad de cambiar, son sensibles hacia las dificultades de otros y tienen sentido del humor. Conocen sus fortalezas y debilidades, son productivos, responsables y generalmente trabajan sobre bases de valores, respeto, creatividad y servicio. Razones por las cuales generalmente estos líderes tienen seguidores.

De nosotros depende que renunciemos a los sofismas de distracción que nos llegan un día por casualidad y que sin pensarlo en algunos aspectos se puedan llegar establecer (las cadenas), convirtiéndose en una constante que se quede en nuestras vidas.

Son nuestras acciones en el día a día, las que harán que no se formen estas cadenas de cristal y que podamos crear una base sólida para construir nuestro futuro.

Capítulo 6

Manipulando marionetas

- **Desde la infancia**

  Aprendemos a manipular sin saber que lo estamos haciendo desde niños. Cuando llorábamos y pataleábamos por un helado, un juguete o cualquier cosa y con ello llamábamos la atención de nuestros padres, hermanos o parientes. Sabíamos perfectamente que con la pataleta conseguíamos lo que deseábamos, es decir, con nuestra actitud hacíamos que los otros pensaran y actuaran de la manera que nosotros elegíamos en un momento dado.

- **En virtud de los resultados**

  Una forma de lograr resultados puede ser manipulando una idea o una situación donde una persona o un grupo de personas actúan y piensan de igual manera. Muchas veces esta manipulación puede dar buenos resultados, otras veces desastrosos y otras veces simplemente no darlos. La manipulación puede crearse con diferentes fines y lo que para algunos es bueno para otros puede no serlo. En algunos momentos de la vida, es más sin darnos cuenta que lo estamos haciendo, hemos manipulado o nos hemos dejado manipular.

Pensemos en nuestra relación de pareja, la política, la publicidad, la moda, la economía, la relación con nuestros amigos, la sociedad y la empresa donde trabajamos.

- **Como marionetas**

En nuestro lugar de trabajo también podemos encontrar que existe alguien que se deja manipular y hace todo lo que el jefe le dice, esta persona se deja mover y se presta por alguna razón, para hacer cosas que incluso muchas veces si se le preguntara podría decir que no está de acuerdo con estas, pero lo hace por ganar preferencia y/o en algunos casos votos adicionales. Por lo general también recibe un premio el cual puede ser felicitaciones en frente de sus compañeros de trabajo, detalles o bonos, tocarles la espalda o hasta lo/la premian con el saludo que es algo tan elemental.

Esta acción puede hacer que en lugar de conseguir el apoyo de todos sus colaboradores para lograr los objetivos de la empresa, se generen conflictos entre compañeros de trabajo, incluso que no se logre que "Hagan más" o que mejoren su trabajo. Por el contrario el día del premio se pierde valioso tiempo, porque se comenta en los rincones lo ocurrido y algunas personas más susceptibles al tema, piensan en lo sucedido por horas y horas, no rinden lo mismo y hasta cometen errores.

En casos más extremos esta persona manipulable se ha convertido en "Una marioneta". Algunas veces incluso puede llegar a escalar altos cargos, lo cual desestabiliza a otros que creían que por sus propios méritos y ejecutando un excelente trabajo, llegarían a alcanzar mejores posiciones dentro de la empresa.

- **Manipulación ≠ Influencia**

La manipulación en ningún sentido es positiva, ya que sutilmente se controla un grupo de personas o situaciones que impiden su libre desarrollo.

Es una cadena de cristal que podemos romper fácilmente si en algún momento nos damos cuenta que estamos utilizándola así sea en lo más mínimo, porque cualquier resultado que se logre desde la no libertad del ser humano es nocivo para nosotros y para nuestra sociedad.

Es diferente ser una persona influyente que respeta el libre albedrío de los otros, generalmente estas personas se sienten profesionalmente seguros por ende si en su camino se encuentran con personas que con sus ideas y su trabajo hacen buenos aportes a la organización, las aprovechan para formar un buen equipo.

Les dan los méritos de los buenos resultados que lograron con sus aportes frente a los directivos y frente a sus compañeros, generando un ambiente donde el grupo de trabajo realmente desea aportar nuevas ideas porque cree en su líder.

A su vez este líder, cuando encuentra una situación con la que no está de acuerdo porque considera que no le suma a los objetivos de la empresa, con respeto y decisión defiende su posición siguiendo sus valores, profesionalismo y ética.

Incluso se la hace saber a sus compañeros y a sus jefes, ya que es capaz de comunicar, sabe escuchar, comparte sus ideas y aprende de las ideas de los otros. Y es capaz de decir "SI o NO" cuando sea necesario. Esta persona ve la igualdad en el ser humano, sabe que está cumpliendo un papel en la empresa y lo hace con responsabilidad y honestidad y con esa misma responsabilidad y honestidad trata a los otros, logrando la colaboración de todos y por ende los objetivos de su departamento y de la empresa son un éxito.

- **Haciendo camino**

Como alguna vez escuché de un gran cantautor español, entonar los versos de Antonio Machado del poema Proverbios y Cantares número XXIX:

"Todo pasa y todo queda pero lo nuestro es pasar, pasar haciendo camino... Caminante son tus huellas del camino y nada más... Caminante no hay camino, se hace camino al andar. Al andar se hace el camino y al volver la vista atrás se ve la senda que nunca se ha de volver a pisar"

Concluyendo, los seres humanos nos diferenciamos por las decisiones que tomamos y son nuestras acciones las que nos definen y hablan de quienes somos, en cualquier escenario o etapa de nuestra vida.

Capítulo 7

A tiempo

- **Lo que nos define**

Llegar a tiempo es estar en el momento justo cuando algún evento ocurre, o llegar a la hora indicada cuando adquirimos un compromiso.

A su vez, se puede definir como una disciplina y dota nuestra personalidad de carácter, orden y eficacia que por ende de alguna manera nos define. Así mismo significa valorar, considerar y respetar el tiempo de las otras personas.

Sin embargo, siempre hay una excusa para no hacerlo y puede llegar a convertirse en un mal hábito y con el tiempo en una cadena de cristal que nos ata y nos pesa.

- **Justificándonos**

  Existen diferentes excusas para justificar cualquier situación cuando estamos acostumbrados a llegar tarde, no solo a una cita o a nuestro trabajo sino a todas partes, por lo cual hemos creado una serie de disculpas que utilizamos con una tranquilidad abismal.

  Dependiendo de la(s) persona(s) o circunstancias podemos citar como disculpa: El tráfico, el carro (se dañó una llanta o que el auto no prendía), el clima (estaba lloviendo o haciendo calor), la alarma no sonó, la cita anterior se alargó, tengo bastante trabajo, la escuela de mis hijos, el profesor, mi jefe, entre otras. Incluso a veces llegamos al límite dando como disculpa la salud de un ser querido.

  Y muchas veces hasta estando en el mismo sitio como en la oficina, llegamos tarde a la reunión que tenemos para la cual únicamente necesitamos desplazarnos dos o tres puertas y damos la disculpa argumentando algo de última hora como el e-mail, el sistema, la impresora o el teléfono.

- **El valor de la puntualidad**

  El cumplimiento genera tranquilidad y confianza. Además demuestra, profesionalismo, organización, compromiso, buena planeación, cortesía y respeto.

Manejar el tiempo es importante, no solo es llegar a la hora acordada sino la manera como distribuimos ese precioso regalo llamado tiempo.

Ya hablamos en párrafos anteriores de algunos aspectos que los demás pueden percibir y algunos que se generan en nosotros cuando tenemos control de nuestro tiempo y para utilizarlo de una manera óptima contamos con herramientas como la organización y la planeación que bien utilizadas nos pueden ayudar.

Podemos encontrar excelentes planes que no dan resultado, no por lo planeado en sí, sino porque al ejecutar el plan para algunas personas el tiempo se puede convertir en algo secundario o sin importancia.

Cuando no tenemos la habilidad de manejar el tiempo, podemos estar perdiendo oportunidades de crecer profesionalmente o de escalar en la empresa.

Pensemos en un profesional que hace su trabajo impecable pero lo entrega después del tiempo acordado y llega tarde a todas partes. Puede ser que la compañía tenga la posibilidad de ascender a alguien con el perfil profesional de esta persona, ¿Cree usted que le darían la oportunidad de ascender a la nueva posición? Puede darse el caso que piensen que sus conocimientos son excelentes para desempeñar el puesto, pero que no tiene manejo del tiempo y que esto afecta al grupo de trabajo y por ende a la compañía.

La diferencia se nota si esta persona maneja su tiempo y es puntual, esto hace que todos puedan confiar en él y piensen que el hará lo que necesite hacer para lograr cumplir con todos los compromisos adquiridos. De esta forma ganará la posibilidad de ocupar la nueva posición dentro de la empresa y crecer profesionalmente.

- **El compromiso**

Algo que casi todos hacemos es comprometernos, ya sea con la familia, en el estudio, en los deportes o en el trabajo. Algunas veces firmamos contratos que en algunas situaciones se cumplen como por cumplir o no se conocen muy bien en todos los aspectos que conllevan. Este compromiso además contiene algo implícito que se lleva dentro y que va más lejos de lo que se pactó.

Es como un motor que se mueve y se puede percibir en muchas formas, una de ellas puede ser cuando se hace o ejecuta un proyecto o un trabajo en más corto tiempo de lo esperado. O muchas veces cuando este compromiso nos empuja, hasta nos podemos sorprender, porque estamos haciendo más de lo esperado en el mismo tiempo.

Pero el compromiso que se adquiere, va más allá de la palabra y se manifiesta con hechos, como lo leí hace poco en un artículo: si lo va a hacer ¡Hágalo! Si no, mejor no diga que lo va a hacer. Porque hay que creer en hechos no en palabras.

- **Mirando el reloj**

Otro punto importante es como utilizamos el tiempo en nuestro lugar de trabajo.

Una de las actitudes más frecuentes en las empresas es ver que sus empleados salen "A tiempo" al terminar su jornada laboral, se alistan media hora antes de la hora de salida, incluso dejan de atender clientes o no programan reuniones cerca de esta hora, para salir en punto en el horario pactado.

Pero, ¿Ocurre lo mismo, cuando nos revisan la hora de llegada?, ¿Llegamos con media hora de anticipación a la hora pactada? o por el contrario, llegamos corriendo para registrar la hora sin inconvenientes y luego dedicamos parte del horario laboral (media hora aproximadamente) para alistarnos, mientras prendemos el computador, saludamos, vamos al baño, nos servimos un café y revisamos los e-mails del día anterior.

De igual forma a la hora del almuerzo, ¿Tomamos el tiempo asignado? o ¿Alargamos el tiempo indicado?. De la misma manera podemos evaluar el tiempo que usamos para tomarnos un descanso en la mañana o a media tarde.

Sin hablar del tiempo invertido en las llamadas personales o en la visita con los compañeros de trabajo. Si a esto le sumamos el tiempo que gastamos revisando las redes sociales, los e-mails personales y el chat.

Entonces, ¿Cuánto tiempo realmente estamos trabajando vs las horas de trabajo productivo por las que nos contratan y nos pagan nuestro salario?

Esto también es estar "A tiempo", no solo a la hora de revisar nuestras cuentas a fin de mes, esperando que el pago por la labor cumplida esté puntualmente.

Porque si vamos a mirar el reloj, debe ser en ambos sentidos y en este caso particularmente hay que tener flexibilidad, porque para exigir también hay que saber dar.

- **Buscando respuestas**

  - ¿Utilizamos nuestro horario de trabajo con responsabilidad?

  Cada uno de nosotros se puede contestar esta pregunta según como creamos que estamos actuando, no por lo que digan los demás o por lo que ha visto mi jefe o supervisor. Esto es algo tan personal que únicamente con honestidad podemos tener la respuesta acertada.

  Estar "A tiempo" habla de lo que somos y proyecta algunos rasgos de nuestra personalidad. Si el uso inadecuado del tiempo es nuestra cadena de cristal estamos a tiempo de romperla si lo deseamos.

Capítulo 8

Respetándonos

- ## Día tras día

Miles y miles de personas pasamos la mayor parte de nuestra vida en el lugar de trabajo, nosotros hacemos que las empresas prosperen, con la labor que día a día realizamos. Como líderes (directores, jefes, supervisores) o cada uno en el cargo que desempeña somos los que ayudamos a crear y mantener un buen ambiente de trabajo.

Una parte vital es la manera como nos comunicamos; muchas veces se vuelve tan cotidiana, que no creemos que haga la diferencia.

Y son estos tipos de comunicación (verbal y no verbal), las que tenemos en el día a día con las personas que nos interrelacionamos las que generan un ambiente diferente.

- **Comunicándonos**

Preguntémonos:

- ¿Alguna vez hemos estado de mal genio o hemos reaccionado de una manera inadecuada por algo que deseamos lograr o por algo que no deseamos hacer?

- ¿Creemos que tenemos la razón, porque somos los número uno sea cual sea la circunstancia o el lugar donde nos encontramos?

- ¿No tenemos tiempo para atender a los demás porque siempre estamos muy ocupados?

- ¿Gritamos para que nos escuchen y sepan quienes somos cuando no estamos de acuerdo con algo o con alguien?

- ¿Hacemos comentarios no apropiados acerca de nuestros compañeros o de las personas que estamos dirigiendo o que nos dirigen cuando ellos no se encuentran presentes?

- ¿Estamos compitiendo en todo momento, por lo tanto es difícil aceptar las ideas y la cooperación de los otros?

Cuando elegimos alguna de estas posiciones no estamos ganando nada, únicamente queremos tener la razón y ser los primeros en todo, sacando aquello que llevamos dentro, que en algunas ocasiones es equivocado.

• Ganando o imponiendo

Con esta comunicación y con este comportamiento creemos ganar el respeto de los demás pero en realidad lo estamos imponiendo. Por necesidad o por miedo son algunas de las razones por las que algunas personas nos soportan.

¿Por necesidad?

Algunas personas utilizan este término respecto al trabajo, ya que deben o tienen que trabajar en lo que sea con el fin de devengar un salario para mantenerse y/o mantener a su familia; para ellos el trabajo se convierte en una necesidad. No priman sus deseos, ilusiones o sueños, de querer trabajar en lo que les gusta o en lo que realmente desean hacer; ya que el primer eslabón en su escala de prioridades es suplir las necesidades básicas y eso no les da el tiempo para poder elegir, simplemente deben emplearse y si es en el menor tiempo posible mejor.

Entonces, son personas que muy posiblemente no estén de acuerdo con algunas formas de comunicación que se utilizan o comportamiento que se tenga con ellas, pero existe la necesidad de mantener un trabajo y es la que los hace callar y soportar todo, incluso las cosas con las que no están de acuerdo.

¿Por miedo?

A la situación que nosotros generamos con ese ego tan inmenso que tenemos, al maltrato, a las palabras que decimos, a escucharnos cuando alzamos la voz y a versen ignorados o avergonzados.

Si alguna vez en nuestro camino llegamos a experimentar miedo, hasta quedarnos paralizados sin saber que responder o hacer cuando la conducta del otro es irrazonable por alguna situación en nuestro trabajo, pensemos: ¿Qué es lo máximo que podemos perder?, ¿Qué pasaría si con todo respeto habláramos con la persona y damos nuestro punto de vista?

- **Distorsionando la realidad**

Si al contrario, somos nosotros los que estamos irritados, los que queremos dominar la situación y ser los número uno, detengámonos, analicemos si las ideas que las otras personas están transmitiendo son buenas, si con ellas contribuirían a lograr los objetivos y nosotros no se los estamos permitiendo, porque nuestro ego es el que salió a relucir o si lo que nosotros estamos diciendo realmente contribuye a los objetivos planteados. En este caso evaluemos la forma como lo estamos comunicando.

El ego es la herramienta más utilizada para dividir, para distorsionar la realidad, para dejar de escuchar, para no tener en cuenta las ideas de los demás, para pasar por encima de todo el mundo sin importar las consecuencias únicamente con el objetivo de ganar. Si lo utilizamos frecuentemente en nuestras vidas, ¿Qué estamos ganando con esta actitud?. De pronto temporalmente podemos creer que lo hemos logrado todo, pero a través del tiempo llegamos a darnos cuenta de que no fue así.

En algunas situaciones podemos sólo observar sin la necesidad de ganar y ayudar a que otros ganen.

- **Tensa calma**

Alguna vez escuché en los pasillos de una empresa, "Hay una tensa calma que asusta" y se referían justo a eso.

Al silencio prolongado entre los empleados y los directores de la empresa; aún a sabiendas de parte y parte que la comunicación estaba rota y la relación deteriorada, pero preferían callar y seguir adelante. Porque una de las primicias más importantes en las relaciones, que es el respeto, se perdió. Pero eran las necesidades de ambas partes, las que les indicaban que la función debía continuar así tuvieran abismos impresionantes por solucionar.

- **Pensar para hablar**

Hace muchos años hemos escuchado este dicho: "hay que pensar para hablar y no hablar para pensar". Si antes de dirigirnos a una persona pensamos lo que le vamos a decir y la forma en que lo vamos a transmitir, factiblemente nos evitaríamos muchos inconvenientes.

Si al contrario, contestamos o nos dirigimos aireadamente y luego pensamos: si lo hubiera dicho de X o Y forma. No podemos echar atrás las palabras dichas y con ellas posiblemente causamos grandes perjuicios.

Depende exclusivamente de nosotros, romper el cristal de esta cadena. Que a veces erramos en lo que decimos, otras veces en la forma como lo transmitimos y en algunas ocasiones nos pasa, que aunque el fondo y la forma sean correctos, no fue apropiado el escenario en que lo hicimos.

- **La base de todo**

En cualquier ámbito de nuestra vida, el respeto, es la base fundamental en cualquier relación que establezcamos, sin esta base difícilmente podemos construir relaciones sanas. Y el ambiente laboral no es la excepción.

Cada persona es única e individual, sabemos que lo único que tenemos que hacer es escuchar activamente, que las opiniones de los demás son tan valiosas como las nuestras y que las emociones que estamos sintiendo son diferentes a lo que otras personas experimentan en ese mismo momento.

Una buena comunicación la podemos lograr cuando expresamos lo que sentimos, lo que necesitamos o lo que deseamos, sin juzgar a la persona, únicamente diciendo las cosas tranquilamente, siendo claros y seguros.

Sabemos que el respeto no se exige, ni se impone. De hacerlo; seguramente no lograremos los resultados esperados. Realmente es una consecuencia del buen trato que tenemos con todas las personas en el día a día.

Capítulo 9

La magnificencia del perdón

- **El resentimiento**

  Cuando tenemos un sentimiento negativo que generalmente es permanente y que hace que cada vez que pensamos en él nuestra actitud cambie, nos ponemos de mal humor, sentimos que nos molesta o lastima, lo podemos llamar "resentimiento".

  El resentimiento es algo que se generó por una situación en un momento dado y que difícilmente reconocemos. Motivo por el cual se puede convertir en una de las cadenas de cristal más dispendiosas por romper.

- **La herida abierta**

  Creo que es igual a cuando tenemos una herida por la cual no hacemos nada para sanarla. Se abre la herida y continuamos buscando la excusa para abrirla más y más y con el tiempo la herida se ha hecho más grande y con más problemas de los que antes poseía porque no somos capaces de enfrentarnos a ella.

Una de las cosas que puede generar un ambiente de trabajo difícil, es encontrar personas que tienen este tipo de sentimiento (por algo que les ha sucedido dentro de la empresa) y consciente o inconscientemente buscan otra persona con la que puedan hablar acerca de la situación para que la escuche y le ayude a resolver el problema, pero muchas veces lo que desea es que la otra persona le dé la razón, le diga que es correcto lo que está diciendo y le apruebe su comportamiento con el fin de continuar abriendo la herida que tiene en lugar de sanarla.

- **El juicio y el error**

También esto hace que algunas otras personas vean y piensen de una manera diferente acerca de la persona de la cual se está hablando. Es muy importante tener nuestro propio criterio antes de tomar parte en el problema o sentimiento del otro.

Algunas personas pueden recordar, acusar y no perdonar el más insignificante error (trabajando se cometen bastantes errores y el que no comete ningún error es el que no hace nada). Esto les lleva a hablar mal, criticar, acusar y decir malas palabras acerca de la otra persona. Ellos creen que con esta actitud están ganando, cuando en realidad con estas acciones se están perjudicando ellos mismos.

Muchas veces algunas personas que albergan resentimiento viven de mal humor, mirando cómo se van a desquitar o como nos la van a pagar (como dicen por ahí), además de crear tensión y problemas de salud.

• Pasando la página

¿Vale la pena vivir con esto por una acción del pasado que generalmente no tiene sentido?, ¿Cuántas veces hemos perdido nuestra perspectiva y nuestro momento presente rumeando un problema?

Sabemos que todos somos diferentes y que no todos los que nos rodean están de acuerdo con lo que decimos, hacemos o con las decisiones que tomamos.

Por lo tanto, es el momento de hacer un alto en el camino y mirar si estamos resentidos con alguien y qué causó este sentimiento, para solucionarlo.

No podemos desgastarnos, perder tiempo y oportunidades preciosas deteniéndonos en lo que pasó sin avanzar.

• Perdonando

Así mismo como en un momento podemos generar un sentimiento negativo también podemos perdonar.

¡Creo en la magnificencia de perdonar y de pedir perdón!

Cuando nosotros cometemos el error tengamos la valentía, si así, como lo queramos llamar de decir: ¡Por favor perdóneme o discúlpeme, hablemos de lo sucedido y arreglemos esta situación!. Perdonemos con honestidad y sinceridad con nuestras palabras y acciones.

No esperemos que las otras personas se disculpen o nos disculpen, hagámoslo nosotros, esta es una grandiosa oportunidad de liberarnos, perdonarnos a nosotros mismos por albergar este sentimiento y curar las heridas.

Capítulo 10

Respirando a servicio

- **Ser o no ser**

  Todos somos conscientes de una manera u otra que servir es uno de los valores más preciados y poderosos que la vida nos ha brindado.

  Servir es una actitud. Es la decisión que tomamos de cómo comportarnos con las otras personas en determinada situación.

  Y es este servicio, el que podemos brindar en nuestro diario vivir a los demás en todas las circunstancias de la vida. Ya sea en un medio de transporte, en la universidad, en el trabajo, en el supermercado o en la calle.

- **Lo que esperan nuestros clientes**

Generalmente cuando pensamos en servicio nos enfocamos en el servicio que todas las compañías de una u otra manera esperan brindar a sus clientes o en el servicio que nosotros como clientes esperamos recibir.

Sabemos que servir es la clave y que en la mayoría de los casos de la atención que se brinde a nuestros clientes depende el incremento en las ventas y en general el crecimiento de la empresa. ¿Cuántas compañías desean tener un excelente servicio para sus clientes? y ¿Quiénes son los clientes?

Seguramente una de las respuestas es que todas las empresas desean tener excelencia en el servicio. Y la otra respuesta puede ser que los clientes son los que compran un producto y/o un servicio.

Entonces me pregunto ¿Qué pasa con las personas con las que usted se interrelaciona todos los días en su trabajo?, ellos también son sus clientes.

Y si nosotros no los vemos como clientes, ¿Cómo pretendemos que la empresa respire a servicio? y ¿Cómo esperamos que nuestros clientes externos reciban un extraordinario servicio?

- **Servicio con calidad**

  Años atrás conocí, estudié, analicé y lideré, la filosofía de calidad total que todos conocemos y que se define en parte como "La búsqueda de mejorar continuamente en nuestras organizaciones". Y una de las cosas que me más me impactó de esta filosofía, es que la definición para el cliente interno y para el cliente externo es la misma "Lograr la satisfacción de las necesidades y expectativas del cliente". Teniendo en cuenta, que nuestro cliente es la persona que recibe nuestro trabajo.

  Asimismo, llevando el concepto a nuestro diario vivir el cliente interno son todas las personas con las que de una u otra manera intercambiamos una relación; por lo cual lo podemos aplicar en todas las acciones de nuestra vida.

  Logrando así los objetivos propuestos en las organizaciones, generando un ambiente de trabajo agradable y teniendo la oportunidad de crecer.

- **Compromiso**

  Si deseamos lograr que este concepto de cliente interno realmente se ponga en práctica en la empresa donde trabajamos, necesitamos empezar por nosotros mismos y la clave es el servicio. Entonces cuando dentro de nuestra empresa estamos comprometidos con un alto nivel de servicio automáticamente esto se ve reflejado con nuestros clientes externos.

El mismo nivel de servicio que nosotros esperamos recibir cuando necesitamos ayuda, es el servicio que podemos brindar en un momento dado a nuestros clientes internos o externos.

Nosotros decidimos hasta dónde queremos llegar cuando servimos y como para nosotros queremos lo mejor, de igual manera lo deseamos y lo damos para otras personas.

Para citar un ejemplo: una persona llama a una empresa buscando hablar con el encargado del departamento de Recursos Humanos, porque le urge hablar con él.

Desde la recepción le respondieron muy cordial pero cortantemente a su petición, que la persona encargada no lo podía atender que llamara más tarde, sin dejar que la persona que llamaba diera una explicación a la urgencia de su llamada.

Un rato después le contesta otra persona y le pasa la llamada a la extensión que insistentemente timbra y nadie responde a la misma.

Luego, la persona vuelve a llamar y le transfieren equivocadamente la llamada a otro departamento, donde la persona que recibe la llamada le indica que le transfirieron mal y le regresa la llamada a la recepción.

Horas más tarde, la persona de Recursos Humanos se pone en contacto con el celular de la empleada. Cuál sería su sorpresa, cuando el celular lo responde el esposo diciendo que a primera hora, a su esposa se le adelantó el bebé y que en estos momentos son padres de una hermosa niña, que él estuvo llamando en repetidas ocasiones buscando hablar con él para informarle, ya que sabía que su esposa tenía una reunión muy importante con unos inversionistas y no quería incumplirles. Pero que desafortunadamente no pudo transmitirle el mensaje.

¿Estamos en esta situación en particular respirando a servicio? o por el contrario, estamos retrasando procesos, dificultando tareas y perdiendo el compromiso.

Hubiera sido una actitud de compromiso si le preguntamos a la persona que llamo en que podíamos ayudarle, si deseaba dejar el mensaje o un número de teléfono donde le pudiera regresar la llamada. Muy factiblemente el mensaje de manera oportuna se hubiera transmitido sin afectar a los clientes. El cliente interno (empleado) y el cliente externo (los inversionistas que estaban citados a una reunión y a los que se les incumplió sin excusa alguna).

- **Actitud y aptitud**

  La actitud de las personas puede cambiar cuando solicitan ayuda, muchas veces depende de la situación que estén experimentando en el momento. Por ejemplo usted puede estar enojado y no hace la pregunta adecuada o sube la voz.

  Puede darse que cuando nos encontramos frente a esta situación nosotros no escuchamos, interrumpimos, no aclaramos las dudas, adoptamos una posición en la que creemos que lo sabemos todo y/o que no sabemos de qué nos están hablando cuando en realidad podríamos ayudar. Por más grande que sea el problema podemos encontrar una solución, todo depende de nuestra actitud.

  Es importante guardar la calma, tranquilizarnos y analizar todos los aspectos que conocemos de la situación para que la persona que solicita ayuda, tenga una respuesta satisfactoria, se sienta cómoda y atendida.

Adicionalmente, si estamos en una empresa, es porque poseemos las aptitudes para ser parte de este entorno y por ende las habilidades para ayudar al crecimiento de la organización. Y uno de los factores más importantes para este crecimiento es la atención oportuna a nuestros clientes.

- **Trato solidario e igualitario**

Algunas personas prestan el servicio dependiendo la persona que lo solicite, si es el jefe, si es la amiga o amigo, si es alto, o si es bajito.

Cuando realmente deseemos prestar un servicio hagámoslo de la misma manera para todo el mundo, que no existan diferencias, seamos amables con todos, ayudemos a resolver el problema o si no sabemos cómo resolverlo, podemos indicarle a la persona quien la puede ayudar.

- **La publicidad más efectiva**

Hay situaciones donde las personas han tenido diferencias con sus clientes.

Analicemos esta situación: Atendiendo público se tiene una dificultad con un cliente, cuando el cliente se retira, la persona que lo atendió inicia una conversación despectiva acerca del cliente y de la situación que se presentó con su compañero de trabajo.

¿Qué creemos que piensan de esta situación, las personas que están esperando el servicio o las que escuchan la conversación?. Muchas veces pueda que nosotros tengamos la razón y que sea el cliente el que esté errado en su percepción pero ¿Qué sentido tiene hablar de ese cliente y de lo que pasó en ese momento?. Es mejor hablar con la persona indicada, analizar la situación y tomar las medidas para que esto no vuelva a ocurrir.

Generalmente cuando estamos en el papel de clientes y escuchamos comentarios negativos acerca de otro cliente, podemos llegar a pensar "Si están hablando así de ese cliente que acaba de salir, de la misma manera lo pueden hacer de mí, si cualquier día necesito ayuda" y el cliente que salió disgustado puede llevar esta situación a la conversación con otras personas que nada tienen que ver con nuestra compañía, pero el comentario y el nombre de nuestra empresa queda grabado en su mente y el día que necesiten un producto o servicio no pensarán en nuestra empresa sino que preferirían ir a una empresa de la competencia.

¡El servicio es la publicidad más efectiva en el mercado!

- **Saliendo de nuestra zona de confort**

Como hablamos al principio de este capítulo este concepto lo podemos llevar a casi todas las acciones de nuestra vida porque clientes somos todos. Podemos aplicarlo en nuestro hogar, cuando estamos con nuestra pareja, con nuestros hijos, con los amigos, con las personas que se cruzan en nuestro camino, es decir, en cualquier relación.

Tenemos la oportunidad de servir sin que nadie nos solicite ayuda. Algunas veces incluso la persona que nos pide ayuda, sólo necesita que la escuchemos y esa acción ya es servir.

Cuando estamos manejando y vemos que otro carro desea pasar y le damos paso para que pueda salir o cuando vemos un peatón que está cruzando y paramos el carro hasta que este pueda pasar y se sienta seguro, así con estas pequeñas acciones también estamos sirviendo.

Podemos servir cuando estamos en el restaurante y la mesera o la persona que nos atiende no entiende lo que estamos solicitando y le repetimos con calma y con una sonrisa. También cuando hablamos en voz baja y creamos un ambiente agradable para nuestros acompañantes y para las personas que están a nuestro alrededor.

Si pensamos en las necesidades de los demás (no únicamente en las nuestras) y solo con una mirada o por medio de nuestra intuición podemos saber o adivinar cuál es la necesidad del otro. Si es necesario preguntémonos; ¿Cómo podemos ayudar? o ¿Cómo podemos servir en esta oportunidad que la vida nos está brindando?

Pero para prestar esta ayuda, es necesario salir de nuestra "Zona de Confort", que dicho en otros términos es ponernos en los zapatos de las otras personas y esto significa desacomodarnos en beneficio del otro. Dar todo lo que esté a nuestro alcance para ayudarlo, buscar los recursos y hacerlo.

Si usted quiere, puede. Si no tiene los recursos, seguro tiene la creatividad para buscarlos a través de otras personas.

- **Húyale a la indiferencia**

En alguna ocasión observé que una chica, se subió en un bus de transporte público a primeras horas de la mañana. Por la congestión del horario, donde la mayoría de las personas van a su trabajo o escuela, el bus iba sin puestos libres. A unas cuantas paradas se subió una persona con dificultad para caminar. La chica al ver la situación intercedió por ella, pidiendo ayuda a un joven que iba sentado, para que le cediera el puesto a la señora, considerando las molestias que le podía ocasionar la congestión del bus.

El joven tan pronto se percató de la ayuda solicitada, cerró sus ojos y se hizo el dormido para no prestar la ayuda. Ante esta actitud, la chica insistió nuevamente hasta lograr captar su atención y a regañadientes aceptó ceder el puesto.

Una vez el joven le cedió el puesto a la señora, la chica le dijo a la señora que se sentara para que estuviera más cómoda, para lo cual la señora le dijo con voz imperativa: ¿A usted quien le dijo que yo me quería sentar? ¿Acaso le parece que soy una vieja, que no puede estar un trayecto de pie? La chica asombrada le dijo, señora solo pensé que podría ir más cómoda. La señora le reprochó e insultó durante varios minutos más. Seguido a esto, el joven que le había cedido el puesto continuó el repudio, con grosería hacia la chica por interceder en un asunto que según él, no era suyo y no le correspondía.

La chica asombrada, quedó confundida pensando si en otra oportunidad valía la pena volver a ayudar.

Como podemos observar, en este ejemplo la chica quería ayudar y no pudo, el joven no quería ayudar y la señora no se dejó ayudar.

Algunas veces, es posible que aunque tengamos una gran intensión no logremos poder servir, pero esto no nos puede generar una de las cadenas de cristal más complicadas a las que estamos enfrentados en el mundo actual "La Indiferencia".

Seguramente, serán muchos los intentos que hagamos por ayudar y solo algunos tendrán éxito en nuestro diario vivir pero la satisfacción de haber servido será incalculable.

- **Usted tiene el poder**

Resumiendo, si comprendiéramos en su totalidad lo profundo de la palabra SERVIR y la pusiéramos en práctica en nuestras vidas, estaríamos utilizando uno de los más grandes y magníficos poderes que todos poseemos.

Capítulo 11

Cuestión de actitud

- **Relacionándonos sanamente**

Nosotros trabajamos en armonía, es una frase que algunas empresas quisieran adoptar y otras desearían mantener. Todos estamos de acuerdo que el trabajar en un ambiente con buenas relaciones humanas es excelente y que nosotros somos los que hacemos que estas palabras se conviertan en realidad.

Para iniciar es bueno dar una mirada a la relación que tenemos con nosotros mismos, sabemos que esta relación es muy importante y que ella nos guía en muchos aspectos de nuestra vida. Entonces, ¿Cuál es la relación que hemos elegido llevar?, ¿Hemos aprendido a querernos?, ¿Nos perdonamos?, ¿Estamos abiertos al cambio y a romper muchas de las cadenas de cristal que nos atan?

• En los zapatos del otro

Las relaciones son diferentes con cada persona, porque cada persona es única y porque existen otros factores que influyen en nuestro trato con los demás, como:

el estilo de vida tanto de nosotros como el de la otra persona, la cultura del país o departamento de origen, las experiencias, emociones y circunstancias que cada uno de nosotros ha vivido, así como nuestra manera de reaccionar frente a las situaciones que se presentan en un momento dado. Además los intereses que tengan las dos partes, el nivel de empatía, los criterios respecto a la vida y el cargo o posición que ocupa la persona dentro de la empresa.

De igual forma recordemos, que cada persona tiene su propia historia en los diferentes planos (personal, familiar, laboral y espiritual); que no conocemos la historia del otro, las dificultades o las situaciones que ha vivido.

Por lo cual no podemos emitir juicios al respecto, si no por el contrario entender y en algunas circunstancias ponernos en los zapatos del otro por un solo instante, sin juzgar.

- **Criticando**

Es increíble ver cómo en el trabajo nosotros nos dejamos llevar por situaciones que nos envuelven sin querer, en críticas destructivas para seguir formando parte del grupo y otras veces porque no tenemos la valentía de decir lo que pensamos acerca del comentario que hacen las otras personas.

Uno de los ejemplos es lo que algunas veces pasa después de terminar una reunión de trabajo. En lugar de decir las cosas con las que no estamos de acuerdo y/o hacer las preguntas adecuadas para que nos quede claro lo que otros exponen dentro de la reunión, esperamos para hacer otra reunión extra laboral, para criticar, hablar mal acerca de los demás y hasta llegar si podemos a los extremos de remedar, burlarnos o poner por debajo no solo las ideas de las otras personas sino a las personas en sí, lo hacemos.

Incluso incurrimos sin darnos cuenta en situaciones parecidas a las descritas a continuación que puede llegar a afectar nuestra relación con los otros.

Hablamos por teléfono a veces por largo tiempo y después de que colgamos la llamada, con los actos demostramos que la conversación no fue interesante (pero cuando estábamos hablando parecíamos muy interesados en el tema) y hablamos mal de nuestro interlocutor sin pensar que nosotros estuvimos todo el tiempo involucrados en esa conversación.

Nos reunimos con algunos compañeros de trabajo a compartir un momento de descanso y el tema de conversación se convierte en criticar a los otros o a la empresa en la que estamos trabajando y ninguna de las personas del grupo nos atrevemos a cambiar de conversación, hacer una crítica constructiva y mucho menos a defender o simplemente a decir "no estoy de acuerdo".

En cualquiera de estas situaciones la crítica predomina. ¿Qué pasaría si en lugar de esto habláramos con la persona y le diéramos la oportunidad de exponer su punto de vista? o, ¿Qué necesidad tenemos de estar en una reunión donde con los comentarios estamos colocando al otro en una posición poco amable?

- **Crítica con signo -**

La crítica negativa es contagiosa. Si, muy contagiosa, es como una enfermedad y en ocasiones no somos conscientes del daño que nos hacemos y le estamos haciendo a los otros con ella, en nuestras empresas podemos llegar a utilizarla para conseguir mejores posiciones, para ser parte del grupo o encontrar la forma de que los otros pierdan.

- **Crítica con signo +**

Si utilizamos la crítica de una manera constructiva, aportando y buscando la forma de que las personas aporten sus ideas, contribuiríamos con los objetivos de nuestra empresa. Ya que uno de ellos es la buena relación entre nosotros las personas que trabajamos en ella, trabajar en equipo y gozar de un ambiente agradable.

- **Cuestión de respeto**

El respeto es básico para mantener buenas relaciones interpersonales. No es necesario imponer nuestros puntos de vista si no estamos de acuerdo con la opinión de la otra persona sobre algún tema específico, esto no quiere decir, que ocultemos nuestro punto de vista o que no hablemos de las cosas por mejorar.

Al contrario es excelente aportar nuestras ideas, nosotros sabemos que siempre podemos contribuir con algo que mejore la manera como hacemos nuestro trabajo y muchas veces hasta el trabajo de los otros.

• La actitud

Entendemos como actitud la manera de obrar o comportarse con el otro; desde la parte verbal (de comunicación) hasta la parte corporal (postura). Si valoráramos el poder que tenemos sólo con nuestra actitud, la acogeríamos como una herramienta efectiva que nos ayudaría a romper las cadenas de cristal que nos atan en la mayoría de nuestras relaciones.

Nuestra actitud es el generador más importante del clima organizacional en el que nos desarrollamos. Con nuestra actitud podemos transformar acciones, pensamientos y palabras. Se ve reflejada en la manera como manejamos las situaciones que se nos presenten y en la manera como reaccionamos frente a ellas. Es el reflejo de lo que somos y de nuestra forma de pensar.

• Seres únicos

¡Como somos seres únicos, todos los días son nuevos y cada momento es una única y valiosa oportunidad para aprender y cambiar!

En cada momento todo se transforma y nosotros también, lo que es bueno hoy para nosotros y para las demás personas, puede no serlo mañana. Y la actitud que adoptemos frente a esta transformación es única e individual.

De cada uno de nosotros depende hacer de nuestra actitud una forma de vida que edifica, contagia y transmite cosas buenas o una cadena de cristal indestructible que ata, limita y paraliza.

Capítulo 12

Rodando el cambio

- ## La excusa perfecta

A través del tiempo nos encontramos con algunas personas que han vivido inmersas en sus problemas, preocupaciones, que creen que su destino es malo y culpan por sus decisiones y dificultades a Dios, a su familia, a la mala fortuna, al gobierno, a su pareja, a sus hijos, al clima o al trabajo.

Cada paso que dan estas personas o que dan los otros que se encuentran a su alrededor se convierte en algo que para ellos no es lo correcto, se disgustan casi por todo y nada las satisface así tengan lo mejor.

Generalmente como vemos nuestra vida, como pensamos acerca de ella y de las cosas y situaciones que nos rodean, así se refleja. Entonces, ¿Por qué culpar a los demás, a las circunstancias o a las cosas de lo que nosotros hemos creado, de lo que hemos hecho o estamos haciendo?. A veces la excusa perfecta para justificar muchos de nuestros comportamientos es esta, pero no es la más sensata ni razonable si queremos solucionar la situación.

Si eligiéramos evaluarnos a nosotros mismos e iniciar un proceso de desarrollo y crecimiento, daríamos el primer paso hacia un cambio en todos los ámbitos de nuestra vida.

- **Nuestra elección**

El camino que hemos recorrido en nuestra vida ha sido de aprendizaje en cada paso que damos. Es nuestra decisión si deseamos continuar igual o si deseamos aprovechar nuestra experiencia, aprender, crecer con ella y salir adelante.

Parte de este aprendizaje es vivir en nuestro momento presente, este momento es lo único real. Es el momento en el que estamos leyendo estas letras. Cada momento es nuestro regalo, vivámoslo con alegría y con un inmenso agradecimiento.

- **Mente factor influyente**

Por el contrario, si con frecuencia vemos nuestra labor como una rutina, que todos los días es lo mismo y que es algo que tenemos que hacer.

Si el hecho de ir a la empresa se convierte en una pesadilla y cuando nos despertamos lo primero que nos llega a la mente es: ¡Otro día de trabajo, qué pereza!.

Si diariamente comentamos las situaciones que se nos presentan como un problema. Acerca del tráfico cualquiera que sea el medio que utilizamos para transportarnos (bus, tren, carro o bicicleta) acerca del clima (si llueve, si hace calor, si hace viento o está húmedo...), acerca de las calles (si tienen huecos, únicamente dos carriles, si los semáforos están lentos, o si hay mala señalización); o si varias veces durante el día cuando utilizamos los elementos que nos ayudan a ejecutar el trabajo nos disgustan y/o no nos funcionan y expresamos frecuentemente algo como "El sistema es lento, la silla es dura, la impresora es vieja, las instalaciones debían tener....". Estamos generando una actitud negativa, que nos pesa mucho y nos impide avanzar.

Nosotros podemos elegir cambiar nuestro pensamiento, entonces veríamos nuestra labor como una oportunidad de crecer y algo que nos gusta hacer. El hecho de ir a la empresa se convertiría en algo que deseamos y cuando nos despertamos lo primero que nos llegaría a la mente es ¡Gracias por este nuevo día!. Y dejaríamos de criticar lo que no podemos cambiar como el transporte, el clima, las calles, etc., y nuestras palabras serían positivas, de agradecimiento, prosperidad y abundancia.

- **Nuestras acciones**

Nada obtenemos con leer los mejores libros, asistir a espectaculares conferencias con los mejores motivadores, estar en las mejores reuniones de trabajo o ir a festejar con los compañeros de trabajo en la fiesta que la empresa hace para sus empleados un día en el año, si sentimos que estamos trabajando en un ambiente de desconfianza, de crítica, de miedo y con una comunicación pobre. Ya que estaríamos alimentando la atadura del "No cambio"

Si disfrutáramos nuestro momento presente y realmente lo utilizáramos haciendo nuestro trabajo de la mejor manera y en nuestras relaciones con los otros. Ese ambiente donde nos encontramos sería completamente diferente.

No esperemos a que la empresa, mi compañero de trabajo, el sistema o mi jefe cambien, iniciemos nosotros generando un cambio. Si nosotros cambiamos, automáticamente todo el entorno cambia.

Capítulo 13

Gratitud

- **Definiendo**

El significado de la palabra gratitud explica el sentimiento y reconocimiento que una persona tiene hacia alguien que le ha hecho un favor o le ha prestado un servicio y el agradecimiento es la manifestación o acción oral de este sentimiento.

- **Agradeciendo**

Dejamos que la vida se convierta en una rutina de ir y venir por el mundo de un lado para el otro sin disfrutar y sin agradecer lo que tenemos en el momento, cosas tan sencillas como nuestra parte física o la capacidad de leer estas letras, entenderlas e interpretarlas a nuestra manera.

En algunos casos se asume que las personas que nos rodean saben que estamos totalmente agradecidos por lo que hacen por nosotros y pasan y pasan los días y no les decimos, ni lo manifestamos de ninguna manera. A sabiendas que lo único que necesitamos es decir: ¡Gracias!, gracias por estar ahí, por abrir una puerta, por alcanzarnos un vaso con agua, por el día que compartimos, o por esa llamada telefónica.

- **Proceso restaurador**

¿Es algo grande agradecer? Sí, es algo grande agradecer por todo.

Agradecer es un acto que las personas hacen con LIBERTAD. Agradecer por nosotros mismos y las personas que nos rodean y porque apreciamos lo que alguien hizo por nosotros ya sea grande o pequeño. Demos gracias, porque siempre encontramos lo que deseamos, por las maravillas que tenemos a nuestros alrededor, por las cosas materiales que nos brindan bienestar, por nuestro cuerpo y hasta por las personas que algún día tuvieron la idea de diseñar el vestido que llevamos puesto.

También estar agradecidos por las condiciones en las que vivimos en ese momento. Porque nos respetamos y nos queremos tal y como somos, porque somos capaces de disculparnos cuando cometemos errores y además porque aprendemos de ellos.

- **Nuestro entorno**

Las personas hacen un trabajo y las compañías les dan una remuneración por la labor realizada. Esto conlleva a que tanto los trabajadores como los empresarios tengan una serie de obligaciones y responsabilidades entre sí. Ésta en términos generales es la relación que existe entre las dos partes, más una cantidad de leyes y derechos que se aplican dependiendo de la naturaleza del trabajo, el país, entre otros.

¿Suena un poco frío, no le parece? Si lo es, si únicamente vemos nuestra compañía como un ente frío con un nombre X que cumple y nos hace cumplir una serie de leyes. Entonces, ¿Cree usted que podríamos realmente esperar algo diferente de ellas?

Las compañías son creadas por alguna o algunas personas que desean salir adelante con su inversión e idea y por nosotros los que llegamos a trabajar en ellas, quienes de acuerdo a nuestros conocimientos somos ubicados en diferentes áreas y que día a día hacemos todo lo necesario para que su proyecto salga adelante. De la misma manera como cuando un gran cocinero prepara un plato de comida, en el cual coloca con cuidado la cantidad exacta de ingredientes para darle el sabor perfecto, además, al servirla la presenta de una manera espectacular; para que cuando llegue a la mesa, la persona que la va a disfrutar tenga la oportunidad de disfrutar un delicioso plato y de admirar la presentación de su comida.

Algunos tienen el concepto de que si trabajamos en una empresa el camino a seguir para lograr lo que deseamos es pedir, únicamente pedir, escuchamos frases como: "Para eso estamos trabajando o ellos tienen la obligación de darnos".

Indiscutiblemente esto es pedir y para algunas personas se hace más fácil que agradecer.

Sería bueno que miremos con cuanta urgencia se solicita algo y recordemos decir "GRACIAS" (esta palabra sencilla de pronunciar) cuando se logra lo solicitado.

- **Beneficios**

Parte del éxito en nuestro trabajo además de saber hacer la labor con responsabilidad es disfrutarla, hacerla con entusiasmo, trabajar en equipo y con compromiso. ¿Cree usted que podemos triunfar si utilizamos los elementos anteriormente mencionados? ¡Claro que podemos lograr los objetivos propuestos!

Situémonos en otra parte: no tenemos trabajo y todos los días esperamos alguna llamada para una entrevista y cada día que pasa pedimos que alguna de las empresas donde hemos solicitado el trabajo nos elija y que podamos tener la oportunidad de volver trabajar. Cuando encontramos un nuevo trabajo damos las gracias y ¿Qué pasa con el tiempo? Nos olvidamos de agradecer.

¡Que tal si agregamos unas gotas de agradecimiento a nuestro diario vivir!. Si no le ha adicionado este elemento a su lista, no quiere decir que sin él no pueda triunfar, es más, vemos todos los días miles de personas con éxito y no sabemos si le adicionaron o no el agradecimiento a la lista. Pero seguramente si lo hace los beneficios que usted verá se multiplicarán con abundancia.

- **Más felicidad**

Cuando decimos gracias expresamos uno de los más grandes sentimientos que tenemos. Pero si lo hacemos hagámoslo con sinceridad, no lo hagamos por cumplir o porque es necesario, en esta o aquella situación.

Las personas agradecidas son muy felices con lo que la vida les ha dado. Se enfocan en lo que tienen, no solo en lo que les hace falta y todas sus expectativas las logran con facilidad.

- **Conciencia**

Hay tantas cosas por las cuales podemos agradecer, que la lista se hace interminable. Agradecer por la salud. La cual muchas veces damos por hecho que debemos tenerla, hasta el momento que nos vemos en riesgo de perderla o padecemos por la ausencia de ella, para darle el valor real y el agradecimiento merecido.

De igual forma pasa con nuestra inteligencia. Esa que utilizamos en cada momento de nuestra vida y que pasa muchas veces desapercibida porque estamos tan acostumbrados a tenerla con nosotros, que no contemplamos la posibilidad de decir gracias por ella.

Que regalo es poder agradecer por nuestro trabajo, por nuestros compañeros, por el salario que recibimos, por la empresa en la que trabajamos y por sus dueños, hasta por los elementos que manejamos y que nos facilitan hacer nuestra labor.

Agradezcamos por aquellos momentos que son difíciles y por aquellos buenos y extraordinarios. Porque sin duda alguna los difíciles nos dejan el mayor aprendizaje y nos brindan oportunidades para crecer.

Y así sucesivamente encontraremos siempre mil motivos para agradecer.

Incluso podemos agradecer por la capacidad de reconocer las cadenas de cristal que tenemos y la oportunidad de cambio que la vida nos da para romperlas y liberarnos de ellas, ya que agradeciendo fortalecemos todas nuestras relaciones interpersonales.

Capítulo 14

La decisión

A través de los capítulos desarrollados en este libro, hemos visto como somos nosotros los que influimos para que vivamos una vida placentera de crecimiento personal y profesional. También reafirmamos como cada persona es una pieza importante en ese rompecabezas que llamamos empresa sin importar la posición que ocupemos.

A su vez vimos que somos los únicos que podemos tomar la decisión de hacer las cosas bien y de una manera diferente. Ejecutando nuestra labor con responsabilidad, aportando ideas, creando, compartiendo nuestros conocimientos con nuestros compañeros de trabajo, respetando, dándole el crédito a la persona correcta; en otras palabras haciendo nuestro trabajo conscientemente.

Antes de concluir algunos de los temas que aquí se han tratado, quiero enfatizar en que "Usted es la única persona, que puede romper las cadenas de cristal que lo atan", que es una elección de vida, por lo tanto, el único que puede dar el primer paso y continuar hasta alcanzar su meta es usted.

- Hemos leído, que es muy valioso detenernos y mirar qué estamos haciendo con nuestras vidas. Muchas veces desconocemos que a través de los años hemos mantenido algunos hábitos que nos limitan en nuestro desarrollo personal y los únicos que podemos evaluar con toda sinceridad cuáles son esas cadenas, somos nosotros mismos.

- Recordemos también que añadiendo unas gotas de amor a todo lo que hacemos y a los diferentes momentos que vivimos, le damos un toque diferente a nuestra vida, la rodeamos de tranquilidad y la retroalimentación que recibimos en cualquiera de los escenarios tendrá resultados diferentes.

- Sabemos que en muchos casos no son las empresas, ni la posición que desempeñemos, ni las circunstancias, los culpables de que las personas no se sientan felices y tranquilas en su trabajo. Generalmente somos nosotros los que elegimos, qué deseamos hacer por trabajo y más que eso escogemos como deseamos sentirnos, como manejamos nuestro momento presente y como decidimos vivirlo.

- Vimos la importancia de la comunicación, que la postura que asumamos con nuestro cuerpo dice mucho o todo lo que deseamos comunicar. Que lo primero es saber escuchar qué es lo que realmente quiere decir la otra persona, antes de darle una respuesta. Que cuando cortamos la comunicación, estamos rompiendo una de las bases esenciales en las relaciones interpersonales las cuales son básicas en el clima organizacional.

  Que algunas veces el ego y la necesidad de ganar, son tan grandes que no dimensionamos el perjuicio que nos estamos haciendo a nosotros mismos y a las demás personas.

- Las ansias de poder no generan buenos resultados y mucho menos nos da tranquilidad. Es muy diferente cuando estamos enfocados en ser líderes guías, creando oportunidades y logrando el crecimiento de otros y por ende los objetivos de la empresa. Esto nos permitirá discernir cuál es el día de ingreso a una empresa y cuándo debemos tener un retiro a tiempo, para ser recordados con alegría y gratitud.

- Hemos visto que en las organizaciones, también se puede evidenciar ese poder de la manipulación que puede romper los valores y las normas que hemos creado y que algunas veces otras personas se prestan para este juego. Sabemos que es totalmente diferente cuando adoptamos un liderazgo que respeta el libre albedrío de los otros. Seguramente en nuestro camino nos encontraremos con personas que con sus ideas y su trabajo nos ayudarán en nuestro crecimiento.

- Una de las cadenas de cristal que podemos evidenciar fácilmente es cuando siempre buscamos excusas o ya tenemos la respuesta adecuada para no llegar a tiempo a nuestros compromisos. De la misma manera si nos damos cuenta que no estamos utilizando nuestras horas de trabajo con responsabilidad.

- Hablamos que el respeto en cualquier ámbito de nuestra vida, es la base fundamental en la relación con nosotros mismos y con los demás. Sin esta base difícilmente podemos construir relaciones sanas y el ambiente laboral no es la excepción.

- Enfatizamos que perdonar es uno de los poderes más grandes que tenemos las personas. Es una grandiosa oportunidad de liberarnos, de soltar, curar las heridas y alivianar a los otros y a nosotros mismos por albergar este sentimiento.

- Además somos conscientes de una manera u otra que servir, es uno de los valores más preciados que la vida nos ha brindado. Servir es una actitud, es la manera como en un momento determinado actuamos en beneficio del otro.

- Podemos ayudar a mantener un clima organizacional en armonía con nuestra actitud y buenas relaciones con los demás. Esto se verá reflejado en el logro de los objetivos de nuestra empresa.

- Generalmente nuestra vida refleja lo que pensamos acerca de ella y de las cosas y situaciones que nos rodean.

- En ocasiones es más fácil culpar a los demás o a las circunstancias, de lo que hemos hecho o estamos haciendo y en algunas situaciones podemos llegar hasta montar una película de drama, gritamos, llegamos a extremos de mal genio, decimos frases como: ¿Por qué no cree en mí?, tomamos la situación como si fuera personal y hasta le faltamos al respeto a los demás. Sin tomarnos el trabajo de esperar unos segundos y pensar para actuar. Nosotros somos los dueños de nuestros pensamientos y si los cambiamos nuestro momento cambia y por ende nuestra vida.

- Agradecer es parte fundamental en la vida de una persona, cuando decimos ¡Gracias! estamos expresando gratitud por algo que es o fue bueno para nosotros en un momento dado. Las personas agradecidas son muy felices con lo que la vida les ha dado. Se enfocan en lo que tienen, no en lo que les hace falta y todas sus expectativas las logran con facilidad.

Para finalizar, lo mejor que podemos hacer en cualquier área y momento de nuestra vida es reírnos, es la mejor terapia, nos libera de las preocupaciones para ver la vida como lo que es, un juego donde los jugadores somos todos.

La risa es nuestra amiga, es algo que no cuesta y nos da ánimo, nos da vida, contagia y con ella nos sentimos libres.

Riámonos y compartamos la felicidad que tenemos dando gracias por estar acá en este momento. Riámonos de los errores que cometemos, riámonos de absolutamente todo, porque siempre tendremos otra oportunidad de reinventarnos y romper el cristal de las cadenas que nos impiden crecer.

¡GRACIAS!, por el tiempo dedicado para leer estas letras, que han sido parte de nuestro diario vivir.

Angela Cook

Administradora de empresas con más de 40 años de experiencia en diferentes campos de la industria laboral, en los sectores agronómico, financiero y gubernamental. Con énfasis en planeación estratégica, desarrollo, capacitación de personal, liderazgo, calidad total, educación y servicio.

Cree firmemente que todos podemos hacer lo que nos propongamos en la vida y su orientación está dirigida a lo único que realmente tenemos: El momento presente.

Su experiencia, la influencia de sus grandes motivadores y el agradecimiento que le profesa a los que a través de la vida han sido sus líderes y compañeros de trabajo en los diferentes roles de su vida profesional, la llevaron a asumir este nuevo reto, la publicación de su primer libro.

Cristina Monroy

Mercadóloga y Publicista con más de 20 años de experiencia en diferentes rubros empresariales, en los cuales ha liderado áreas de servicio al cliente, marketing, publicidad, comercial y auditoría interna.

Uno de sus pilares es el de realzar los valores del ser humano en cualquier área de su desarrollo. Creando sinergia en sus diferentes equipos de trabajo, a través de herramientas que les permitan el cumplimiento de sus objetivos.

Considera que en las diferentes áreas de la vida la comunicación es fundamental en todas sus formas de expresión. Siendo ésta la principal motivación para aportarles a las demás personas con una de las actividades que más disfruta, escribir.

Printed in the United States
By Bookmasters